Teoria e
Formação do
Historiador

Dados Internacionais de Catalogação na Publicação (CIP)
(Câmara Brasileira do Livro, SP, Brasil)

Barros, José D'Assunção
  Teoria e formação do historiador / José D'Assunção Barros. – Petrópolis, RJ : Vozes, 2017.

Bibliografia.

6ª reimpressão, 2025.

ISBN 978-85-326-5446-5

1. História – Estudo e ensino 2. História – Teoria 3. Historiografia I. Título.

17-02352　　　　　　　　　　　　　　　　CDD-907.2

Índices para catálogo sistemático:
1. História e historiografia 907.2

Teoria e Formação do Historiador

JOSÉ D'ASSUNÇÃO BARROS

EDITORA VOZES

Petrópolis

© 2017, Editora Vozes Ltda.
Rua Frei Luís, 100
25689-900 Petrópolis, RJ
www.vozes.com.br
Brasil

Todos os direitos reservados. Nenhuma parte desta obra poderá ser reproduzida ou transmitida por qualquer forma e/ou quaisquer meios (eletrônico ou mecânico, incluindo fotocópia e gravação) ou arquivada em qualquer sistema ou banco de dados sem permissão escrita da editora.

CONSELHO EDITORIAL

Diretor
Volney J. Berkenbrock

Editores
Aline dos Santos Carneiro
Edrian Josué Pasini
Marilac Loraine Oleniki
Welder Lancieri Marchini

Conselheiros
Elói Dionísio Piva
Francisco Morás
Teobaldo Heidemann
Thiago Alexandre Hayakawa

Secretário executivo
Leonardo A.R.T. dos Santos

PRODUÇÃO EDITORIAL

Anna Catharina Miranda
Eric Parrot
Jailson Scota
Marcelo Telles
Mirela de Oliveira
Natália França
Priscilla A.F. Alves
Rafael de Oliveira
Samuel Rezende
Verônica M. Guedes

Editoração: Flávia Peixoto
Diagramação: Victor Mauricio Bello
Revisão gráfica: Nilton Braz da Rocha
Capa: Renan Rivero

ISBN 978-85-326-5446-5

Este livro foi composto e impresso pela Editora Vozes Ltda.

Sumário

Introdução, 7

1 Teoria na época da Historiografia ou: Historiografia na época da Teoria, 15
2 "Teoria", 23
3 Teoria × Método, 31
4 Teoria da História, 43
5 O surgimento das Teorias da História: o contraste inicial entre Historicismo e Positivismo, 55
6 Materialismo Histórico, 65
7 Palavras finais sobre o papel da Teoria da História na formação do historiador, 75

Nota sobre o texto, 83
Referências, 85
Índice onomástico, 93

Introdução

Os cursos de graduação em História iniciam-se habitualmente, já no primeiro semestre, com uma disciplina chamada *Teoria da História*. Alguns currículos universitários optam por denominá-la, alternativamente, como *Introdução aos Estudos Históricos*, *Introdução à História*, ou outras designações que anunciam a necessidade de introduzir o aluno em um novo modo de ver a História que é o dos historiadores profissionais. Essa transição é muito importante porque, com poucas exceções, os alunos que ingressam em uma universidade com vistas a iniciarem a sua formação de historiadores – seja para se tornarem futuramente pesquisadores ou professores de História – costumam trazer consigo uma concepção de história que é a do senso comum, mas não é mais propriamente a dos historiadores profissionais.

Não são raras, mesmo hoje em dia, certas noções sobre a História muito simplórias, e mesmo errôneas, as quais são amplamente difundidas entre aqueles que não estudaram mais a fundo as ciências humanas ou que não são leitores da historiografia especializada. Pensa-se, por exemplo, que a principal função do historiador seria apenas a de "contar os fatos tal como eles aconteceram", desconsiderando-se com isso que a missão essencial dos historiadores é na verdade a de fornecer à sociedade diversas interpretações problematizadas sobre o que aconteceu. Os fatos são obviamente importantes para os historiadores, e sem eles não se faz história; mas o que precisamos compreender, conforme veremos diversas vezes neste livro, é que o trabalho principal dos historiadores é o de construir as interpretações que darão sentidos a estes fatos.

Pensa-se também, muito habitualmente, que existe uma verdade única sobre as coisas que aconteceram na história, e que a função da História – agora entendida como campo de saber – é a de revelar essa verdade. Outros pensam que a habilidade central que o historiador deverá aprender com diligência e cultivar ciosamente é a de memorizar datas. Não é incomum que, em festas ou reuniões sociais, as pessoas se aproximem daqueles que lhes foram apresentados como historiadores ou estudantes de História para lhes perguntar sobre datas, ou mesmo que tenham o desejo de testá-los, como se a habilidade de saber datas fosse aquilo que o historiador precisará provar a todos e a todo instante, à maneira de um matemático do qual se exigisse que fizesse rapidamente contas mais ou menos complicadas. Também costumam ser cobrados os nomes de lugares, ou de reis e figuras ilustres, por exemplo. Tudo isso constitui um senso comum sobre a História que ainda hoje nos fala, nos meios leigos, de uma História que já não existe mais na academia e nos ambientes profissionais de pesquisa.

Embora os historiadores que lecionam História nos níveis fundamental e médio frequentemente se empenhem em ensinar aos seus alunos, em algum momento, uma História problematizada, sabemos como isso é difícil nas instituições escolares que desvalorizam as ciências humanas frente a outros saberes, e que também costumam priorizar a mera instrumentalização do estudo de História com vistas a um sucesso apenas performativo naqueles exames típicos que todos os alunos – independentemente de suas futuras escolhas profissionais – terão de enfrentar para passar à etapa do Ensino Superior. O aluno estuda História para passar em uma determinada prova, e não para se conscientizar sobre a história ou sobre as raízes sociais, culturais e políticas do mundo em que vive.

Tampouco se estuda História, nesses contextos de ensino, para mudar a história. Mais recentemente, inclusive, ouvimos falar de projetos políticos conservadores que têm planejado interpor ao trabalho dos professores de História a estranha ideia de que eles deveriam, sim, contar o que aconteceu na história, mas sem "ideologias". Querem dizer com isso que esses professores não devem passar aos alunos interpretações sobre a história, mas sim a história neutra, talvez novamente factual, como se existisse uma única história a ser ensinada em uma espécie de "escola sem partido", seja lá o que isso for.

Quando um estudante atinge o nível superior dos estudos de História, ele às vezes se surpreende ao ser logo informado de que não existe uma única História da Revolução Francesa, e nem tampouco uma única História da Abolição da Escravidão no Brasil, mas sim várias histórias da Revolução Francesa e várias histórias do processo abolicionista no Brasil. Em uma palavra, existem "interpretações" diversificadas sobre esses processos históricos, sobre por que e como ocorreram, sobre quais os seus desdobramentos, sobre as diversas possibilidades de perspectivá-los. Em termos mais simples, existem distintas teorias disponíveis para nos aproximarmos dos processos históricos e das sociedades históricas que queremos compreender. De igual maneira, não existe uma única forma de se trabalhar com a História, de pensar a função do historiador na sua sociedade, de considerar quais são os seus verdadeiros motores, ou de balancear as relações entre passado, presente e futuro. Existem, em um sentido mais amplo, muitas e muitas Teorias sobre a História (sobre este campo de saber que é a História).

Muitos dos alunos que adentram a graduação se assustam ou se encantam ao serem surpreendidos pela questão, ao mesmo tempo fascinante e incontornável, de que a História é um campo de saber extremamente diversificado nas suas possibilidades. Por isso, é necessária uma disciplina de transição, por assim dizer, capaz de apresentar ao futuro historiador – ou ao "historiador em formação" – esse novo mundo de possibilidades, essa flexibilidade com a qual ele terá de lidar a partir dali. Essa disciplina de transição é chamada em muitos currículos universitários de *Introdução aos Estudos Históricos*, e em outros é assumida como a primeira de uma série de disciplinas designada Teoria da História.

A Teoria da História, por outro lado, é também uma área de pesquisa específica – tal como a História do Brasil ou a História da América – e muitos historiadores dedicam-se sistematicamente a desenvolver pesquisas na área de Teoria da História. Estudam o trabalho dos historiadores de sua época e de todos os tempos, os conceitos historiográficos, os modos de sentir e entender o tempo, os estilos disponíveis para as narrativas históricas, ao mesmo tempo em que experimentam novas maneiras de abordar a História. Nesse sentido mais restrito, a Teoria da História é um campo especializado dentro da História. Não é, de modo nenhum, apenas uma disciplina auxiliar para as outras.

De qualquer maneira, seja no sentido mais simples – o de disciplina instrumental para a História –, mas também considerando o seu sentido mais complexo, o de área de estudos e de pesquisa à qual podem se dedicar os historiadores, a Teoria da História não deixa de ser o portal de entrada e o patamar de permanência para o tipo de História que se espera dos historiadores profissionais. A Teoria da História é, por tudo isso, o primeiro grande desafio a ser enfrentado pelos "historiadores em formação" (aqui entendidos como os alunos de graduação em História, ou mesmo os diletantes que começam a estudá-la fora dos bancos universitários, mas de maneira séria).

Este livro é dedicado precisamente aos estudantes que acabaram de entrar em uma graduação em História. Seu objetivo essencial é o de esclarecer algumas questões fundamentais. O que é Teoria? Em que a Teoria se diferencia, por exemplo, do Método? (Essa outra instância fundamental para a produção do conhecimento histórico.) O que é, mais especificamente, a Teoria da História? A obra pretende ser apenas introdutória, e traz os exemplos simplificados de três paradigmas teóricos distintos da História (embora existam muitos outros, e muitas variações dentro deles e entre eles).

Existe outra obra, deste mesmo autor e já publicada anteriormente por esta mesma editora, na qual se desenvolve um estudo mais aprofundado, detalhado e complexo sobre a Teoria da História. Trata-se da série *Teoria da História*, que até o momento conta com cinco volumes. Este pequeno livro é por um lado um convite para que seja lida esta obra mais vasta e aprofundada, e antecipa ou confirma algumas das colocações e reflexões que reaparecem nos volumes I, II e III da série acima citada. Tive a iniciativa de publicá-lo porque verifiquei que um antigo artigo meu, chamado "Teoria e formação do Historiador"[1], tem sido muito utilizado por professores de Teoria da História nos semestres iniciais do curso de graduação. Em vista disso, retomei este artigo, corrigi alguns aspectos e o ampliei quando necessário. Minha esperança é que este pequeno livro ajude efetivamente o aluno que fez a escolha de se tornar historiador, e que fortaleça essa escolha.

---

1 Publicado na revista *Teias* em 2010.

1

Teoria na época da Historiografia ou: Historiografia na época da Teoria

Uma reflexão adequada sobre a Teoria da História, e particularmente sobre o seu papel na formação do historiador, pressupõe que consideremos alguns aspectos. Em primeiro lugar, será importante definirmos o campo em análise: o que é a Teoria da História? E, antes disso, o que é *Teoria*, de modo mais geral? Em segundo lugar, será importante que consideremos, em algum momento de nossas reflexões, a própria historicidade da Teoria da História. Quando surge, na história do pensamento ocidental e na história da historiografia, um campo que já pode ser definido como Teoria da História? Perguntar isso, aliás, leva concomitantemente a outra pergunta ainda mais importante, que já nos permite abordar a passagem da especulação puramente filosófica para a análise sistematicamente epistemológica: Que condições tornam possível a Teoria da História? Por fim, será possível atingir em seu âmago a questão central a que se propõe para reflexão, permitindo que seja avaliado o papel e a importância da Teoria, e da Teoria da História em sua especificidade, na formação do historiador.

Para pontuar uma relação importante, devemos desde já reconhecer que a ideia de uma "teoria da história" está intimamente relacionada ao surgimento das pretensões de cientificidade da história, seja naqueles autores que definem a História como Ciência – e teremos aqui um extenso arco que partirá dos primeiros historicistas e positivistas e que segue adiante pelo mundo contemporâneo – até outros que, se não definem a história como "ciência", ao menos entendem a história como um conhecimento cientificamente produzido[2]. Também existirão autores que, mesmo rejeitando o estatuto de cientificidade da história, não deixam de transitar em uma reflexão sobre a Teoria da História pelo simples fato de que já se permitem fazer a pergunta epistemológica fundamental:

---

2 Essa posição pode ser representada por Lucien Febvre (1878-1956), nos textos incluídos em *Combates pela História* (1953).

aquela que indaga sobre as condições que tornam possível o conhecimento historiográfico. É o caso, por exemplo, do Paul Veyne de *Como se escreve a História* (1971). Poderemos mesmo encontrar autores que, embora concebam a historiografia como uma forma de arte, nem por isso deixam de abordar uma sistemática reflexão sobre o que consideram ser uma Teoria da História[3]. De qualquer modo, de uma maneira ou de outra, o contexto de cientificidade que se abre para as ciências humanas na passagem do século XVIII para o século XIX pode ser considerado um momento fundamental para a emergência da Teoria da História.

Lembraremos um indício inicial que atesta bem esta passagem da historiografia para essa nova fase em que já se torna possível falar em uma Teoria da História. No século XVIII, o verbete elaborado por Voltaire (1694-1778) para a *Enciclopédia* ainda classificava a História essencialmente como um gênero literário. O verbete "História", elaborado pelo filósofo francês, abre-se sintomaticamente com a frase de que "a história é a narração dos fatos verdadeiros, ao contrário da fábula, que é narração dos fatos fictícios". Se prosseguirmos em sua leitura

---

[3] Aqui, a referência mais significativa estará em algumas das obras de Benedetto Croce (1866-1952), em particular o livro *Teoria e Historiografia*, mas também em Robin George Collingwood (1889-1943).

veremos que, em nenhum momento do verbete, Voltaire expressa-se em termos de "cientificidade" para se referir à História, e tampouco se propõe a discorrer em torno de questões teóricas, embora fale, ainda que de maneira pouco sistemática, do "método dos historiadores". A "história útil" também será, para ele, aquela "que nos mostra nossos direitos e deveres"[4]. Depois, começaremos a assistir, na metade do século XVIII, a emergência de filosofias da História como a de Immanuel Kant (1724-1804) ou de Herder (1744-1803), e que já em 1830 culminarão com a filosofia da história de Friedrich Hegel (1770-1831), o que já constitui um desenvolvimento importante. Mas será apenas com a afirmação de uma pretensão à cientificidade historiográfica, e com a delimitação de uma nova especialização centrada na figura do historiador – o que incorrerá na concomitante formação de uma comunidade de historiadores e que já se deixa entrever na passagem do século XVIII para o século XIX –, que se criarão efetivamente as condições epistemológicas para que sejam trazidas para o centro da discussão historiográfica as questões teóricas, ao lado das questões metodológicas.

Emerge neste momento um campo que já se pode pensar efetivamente como uma teoria

---

4 VOLTAIRE, 2006, p. 272 [original: 1771].

da história, e surgem também aquelas primeiras correntes de pensamento que já poderemos qualificar, não mais no âmbito das "filosofias da história" – em geral realizações individuais empreendidas por filósofos –, mas sim no âmbito das "teorias da história", espaços de reflexão que já mobilizam e dividem a comunidade de historiadores em torno de reflexões como as relacionadas ao tipo de conhecimento científico que a História estaria apta a produzir, se um conhecimento relacionado a uma cientificidade ideográfica ou nomotética (i. é, relativa ao estabelecimento de leis). Multiplicam-se as questões que indagam pelo tipo de relação que se pode estabelecer entre o sujeito de produção do conhecimento histórico e o seu objeto de estudo; surge a preocupação com a fixação de um vocabulário comum, ou mesmo de um novo âmbito conceitual; e, por fim, começam a se formar paradigmas historiográficos, a principiar pelo Historicismo e pelo Positivismo, logo seguidos pelo Materialismo Histórico[5].

---

5 Mais adiante, abordaremos, ainda que de maneira breve e apenas exemplificativa, estes três paradigmas, os quais, de modo algum, constituem os únicos paradigmas ou alternativas teóricas que se colocam para os historiadores. Os caminhos teóricos percorridos pelos historiadores, até hoje e ainda hoje, são muito diversificados, e também admitem imbricamentos que não poderão ser tratados neste pequeno livro. Para um estudo mais aprofundado do Positivismo e do Historicismo, o leitor poderá ler o

É neste novo contexto que se tornará legítimo se falar, mais propriamente, em uma "Teoria da História".

Outro indício particularmente importante deste novo momento em que os historiadores passam a se ver como uma comunidade específica, e como especialistas que se colocam em diálogos recíprocos e que se agrupam em determinadas redes conforme seus posicionamentos teórico-metodológicos, é a emergência do gênero historiográfico por excelência: obras nas quais os próprios historiadores discorrem sobre a própria historiografia e sobre as correntes históricas de sua época. Georg Gottfried Gervinus (1805-1871) escreve em 1837 o ensaio *As grandes linhas da História*; Heinrich von Sybel (1817-1895) elabora em 1856 um estudo intitulado *Sobre o estado da moderna historiografia alemã*; Johann Gustav Droysen (1808-1884) produz entre 1881 e 1883 o seu *Historik*.

---

segundo volume da coleção Teoria da História, publicado por esta editora com o título *Teoria da História, volume 2: Os primeiros paradigmas – Positivismo e Historicismo* (BARROS, 2011a). Para um estudo aprofundado do Materialismo Histórico e seus desdobramentos no campo da historiografia, o leitor poderá ler o terceiro volume da mesma coleção, o qual traz o título *Teoria da História, volume 3: Os paradigmas revolucionários* (BARROS, 2011b, 2011c).

Ao lado disso, há também as obras produzidas pelos filósofos historicistas, como o célebre ensaio de Wilhelm Dilthey (1833-1911) escrito em 1883 com vistas a uma *Introdução ao estudo das Ciências do Espírito*. De igual maneira, a par do diálogo que já se começa a estabelecer em torno de questões historiográficas e de ordem teórica, já aparecem nos prólogos das primeiras grandes obras de historiadores historicistas as reflexões metodológicas sobre o "fazer historiográfico", procurando estabelecer um modelo direcionado às questões de método e crítica documental, tal como ocorre com Leopold von Ranke (1795-1880) em sua *História das Nações Latinas e Teutônicas* (1824). Eis aqui o duplo alicerce da Teoria e do Método a estabelecer, definitivamente, um novo campo disciplinar.

2

"Teoria"[6]

Antes de avançarmos na reflexão pertinente aos diversos aspectos pertinentes à Teoria da História, será oportuno precisar conceitualmente o que é "Teoria". Não são raras, por exemplo, confusões inadvertidas entre "Teoria" e "Método", e mais particularmente entre "Teoria da História" e "Metodologia da História", embora esses dois âmbitos sejam na verdade bem diferenciados, ainda que interpenetrantes um em relação ao outro. Ter uma clara consciência acerca do que é o "teórico" e do que é o "metodológico", e de como essas instâncias se relacionam, será fundamental para que avancemos nessa reflexão inicial sobre o papel da Teoria na formação do historiador.

---

6 Esta reflexão inicial sobre o que é "teoria", nos seus vários sentidos possíveis e ainda relativamente aos diversos campos de conhecimento – e não só na História – está também registrada no segundo capítulo do livro *Teoria da História, volume 1: Princípios e Conceitos Fundamentais* (BARROS, 2011a).

Começaremos por lembrar que uma Teoria é uma Visão de Mundo[7]. É através de teorias – que correspondem a um âmbito que inclui uma série de dispositivos e procedimentos que vão dos conceitos à formulação de hipóteses – que os cientistas conseguem enxergar a realidade ou os seus objetos de estudos de modos específicos, seja qual for o seu campo de conhecimento ou de atuação. É muito interessante constatar que a noção de "Teoria" sempre esteve ligada, desde a Antiguidade, à ideia de "ver" – ou de "conceber" – o que prossegue até os dias de hoje. Por outro lado, na história do pensamento não deixaram de ocorrer certamente variações importantes nesta relação entre a "teoria" e o "ver", por vezes bastante sutis, à medida que o "conhecimento" foi sendo definido ou compreendido de maneiras diversas.

Para a maior parte dos filósofos gregos da Antiguidade, "*theoria*" significava "contemplação". Entrementes, tal como assinala Pierre Delattre (1903-1969) em seu verbete "Teoria" para

---

[7] Particularmente nas Ciências Humanas, a palavra "teoria" tem sido empregada de maneira muito diversificada. Robert Merton já observava que muito frequentemente a palavra é empregada em sentidos diversos, que abarcam desde as menores hipóteses de trabalho até as mais amplas especulações ou aos sistemas axiomáticos de pensamento, daí decorrendo o cuidado que se deve ter no emprego desta expressão (MERTON, 1970, p. 51) [original: 1949].

a *Enciclopédia Einaudi*, como naquela época a ideia de conhecimento estava então muito associada à noção de "percepção" de uma realidade subjacente a ser desvelada pelo filósofo ou pelo pesquisador, esta "contemplação" que estava implicada na noção de "*theoria*" abarcava "simultaneamente a percepção, o conhecimento, e a aceitação da ordem das coisas"[8].

Pode-se perceber uma variação nessa relação entre a "teoria" e o "ver" à medida que o conhecimento passa a ser proposto mais como uma "construção" do que como uma "percepção". A constante reformulação do conceito de "teoria" acompanha essa passagem, essa mudança de atitude do homem moderno perante o conhecimento, por assim dizer. É assim que, já desde o início do século XX, e no próprio seio das ciências exatas, cientistas como Albert Einstein (1879-1955) e filósofos como Karl Popper (1902-1994) começaram cada vez mais a chamar atenção para o fato de que é a nossa Teoria que decide o que podemos observar, ou como observar. Karl Popper, por exemplo, vale-se da interessante metáfora de que "as teorias são redes,

---

[8] DELATTRE, 1992, p. 224. Os vestígios da ideia da teoria como "contemplação" podem ser encontrados em diversas línguas. Em português, frequentemente perguntamos pelos aspectos que são "contemplados" por esta ou por aquela teoria.

lançadas para capturar aquilo que denominamos 'o mundo': para racionalizá-lo, explicá-lo, dominá-lo"[9].

Outro aspecto bastante interessante a considerar é o fato de que as ciências humanas e sociais precedem as ciências exatas nessa consciência mais aguçada de que, rigorosamente falando, a teoria transforma a realidade observada, ou ao menos revela certos aspectos de uma realidade observada e não outros, conforme essa teoria seja construída de uma maneira ou de outra, ou a partir de certos pontos de vista e parâmetros mais específicos. Além disso, ao menos em algumas das correntes e paradigmas das ciências humanas que já se afirmam desde os séculos XVIII e XIX – e podem ser citados, por exemplo, alguns dos setores mais relativistas do Historicismo por oposição ao Positivismo como um todo – tem-se razoavelmente bem desenvolvida uma significativa consciência de que o que se pode perceber da realidade acha-se francamente interferido pelo ponto de vista do sujeito que produz o conhecimento.

Na segunda metade do século XIX isso já parecia claro para alguns historicistas, como o Droysen do ensaio "A objetividade

---

9 POPPER, 1995, p. 61 [original: 1934].

dos eunucos" (1881)[10] e ou o Dilthey de "Introdução às Ciências do Espírito" (1883). Jörn Rüsen, em um texto de 1996 sobre "Narratividade e Objetividade", já observava que mesmo em outros historicistas como Sybel (1863) e Gervinus (1837) já se considerava o papel do envolvimento do historiador nas questões de seu tempo e de seus pontos de vista na elaboração de uma história que, para eles, nem por isso deixava de comportar um tipo de objetividade[11].

A noção de que o conhecimento é construído de um ponto de vista, o que leva a uma maior compreensão da "teoria" como visão de mundo, já era algo discutido entre os cientistas

---

10 Nesse texto, o historiador alemão Johann Gustav Droysen registra as seguintes palavras, em apoio de uma perspectiva historiográfica que reconhece a historicidade do próprio historiador: "Eu não aspiro a atingir senão, nem mais nem menos, a verdade relativa ao meu ponto de vista, tal como minha pátria, minhas convicções políticas e religiosas, meu estudo sistemático me permitem ter acesso [...] é preciso ter a coragem de reconhecer esta limitação, e se consolar com o fato de que o limitado e o particular são mais ricos que o comum e o geral. Com isso, a questão da objetividade, de atitude não tendenciosa do tão louvado ponto de vista de fora e acima das coisas, é para mim relativizada" (DROYSEN. *Historik*, 1881).

11 RÜSEN, 1996, p. 85.

que estudavam a sociedade, e de todo modo o convívio com teorias concorrentes e divergentes já situava estes pensadores em uma perspectiva distinta da dos físicos que ainda se viam unificados pelo paradigma newtoniano. Dessa maneira, pode-se dizer que no século XX as ciências exatas começariam a se aproximar de um tipo de autopercepção acerca dos seus próprios processos de construção do conhecimento que já vinham sendo desenvolvidos na prática pelas diversas ciências sociais e humanas, inclusive a História, no século anterior. Poderemos lembrar ainda o filósofo austríaco Wittgenstein (1889-1951), que mais tarde também iria reforçar essa mesma ideia, mas já aplicada ao campo semântico e linguístico, ao afirmar que "o limite da minha linguagem é o limite do meu mundo"[12].

Será oportuno considerar essa relação entre a Teoria como "visão de mundo" e a redefinição da realidade que é através dela observada ou imaginada. Apenas para pontuarmos um exemplo inicial, já pertinente à Historiografia, podemos evocar um aspecto fundamental da Teoria que se refere à construção de "conceitos". Paul Veyne (n. 1930), em seu célebre ensaio *Como se escreve a História*, publicado em

---

12 *Tratactus Lógico-philosophicus* (WITTGENSTEIN, 5.6) [original: 1918].

1971, já chamava a atenção para o fato de que "a formação de novos conceitos é a operação mediante a qual se produz o enriquecimento da visão"[13]. A essa formulação, o historiador francês seguia argumentando que Tucídides (460-400 a.C.), Eginhard (770-840) ou Santo Tomás de Aquino (1225-1274) não teriam podido enxergar, nas sociedades de seu tempo, aquilo que hoje nelas procuramos: "classes sociais", "mentalidades", "mobilidade social", "atitudes econômicas", e tantos outros aspectos e fatores que aprendemos a ver nas diversas sociedades históricas através de conceitos que nós mesmos formulamos ou que herdamos, para modificá-los ou não, de nossos predecessores na análise historiográfica. É uma determinada teoria – uma certa maneira de ver as coisas – e seus instrumentos fundamentais, os conceitos, que nos possibilitam formular uma determinada leitura da realidade histórica e social, enxergar alguns aspectos e não outros, estabelecer conexões que não poderiam ser estabelecidas sem os mesmos instrumentos teóricos de que nos valemos. Desta maneira, a Teoria é, à partida, fundamental para a constituição de qualquer campo de conhecimento, o que inclui a História.

---

13 VEYNE, 1982, p. 106 [original: 1971].

3

Teoria × Método

Antes de passarmos mais especificamente às Teorias da História, será oportuno aprofundar a discussão em torno dessa noção fundamental de que as teorias são visões de mundo. Isso ficará mais claro de duas maneiras: pelo contraste entre Teoria e Método, e pelo esclarecimento de que, embora as teorias sejam necessariamente visões de mundo, existem outros tipos de visões de mundo que nada têm a ver com Teoria. Vejamos cada um desses aspectos por partes.

A "teoria" remete a uma maneira de ver o mundo ou de compreender o campo de fenômenos que estão sendo examinados. Remete aos conceitos e categorias que serão empregados para encaminhar uma determinada leitura da realidade, à rede de elaborações mentais já fixada por outros autores (e com as quais o pesquisador irá dialogar para elaborar o seu próprio quadro teórico). A "teoria" remete a generalizações, ainda que essas generalizações se destinem a serem aplicadas em um objeto específico ou a um estudo de caso delimitado pela pesquisa. Por outro lado, a Teoria também implica uma visão sobre o próprio campo de conhecimento que se está produzindo. É por exemplo uma questão teórica a subdivisão de certo campo de conhecimento em modalidades internas (a Física que se desdobra em "termodinâmica", "ótica" ou "mecânica", por exemplo, ou a historiografia que se desdobra em "história cultural", "história política", "história econômica", e tantas outras modalidades). Enfim, a Teoria tanto remete à maneira como se concebe um certo objeto de conhecimento ou uma determinada realidade examinada, a partir de dispositivos específicos que são os conceitos e fundamentos teóricos de diversos tipos, como também se refere à maneira como o pesquisador ou cientista enxerga a sua própria disciplina ou o seu próprio ofício.

Já a "metodologia" remete sempre a uma determinada maneira de trabalhar algo, de eleger ou constituir materiais, de extrair algo específico desses materiais, de se movimentar sistematicamente em torno do tema e dos materiais concretamente definidos pelo pesquisador. A metodologia vincula-se a ações concretas, dirigidas à resolução de um problema; mais do que ao pensamento, remete à ação. Assim, enquanto a "teoria" refere-se a um "modo de pensar" (ou de ver), a "metodologia" refere-se a um "modo de fazer". Esses dois verbos – "Ver" e "Fazer" – constituem os gestos fundamentais que definem, respectivamente, Teoria e Método.

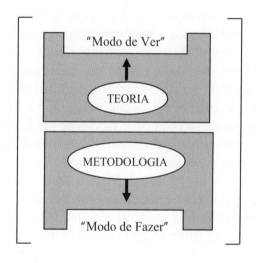

Devem-se considerar, evidentemente, as possíveis interações entre Teoria e Metodologia. É verdade, a esse propósito, que uma decisão "teórica" pode encaminhar também uma escolha "metodológica". Reciprocamente, a metodologia – ou uma certa maneira de fazer as coisas – também pode retroagir sobre a concepção teórica do pesquisador, modificando sua visão de mundo. Frequentemente, há certas implicações metodológicas a partir de certos pressupostos teóricos, e, inversamente, quando optamos por certa maneira de fazer as coisas, de enfrentar situações concretas apresentadas pela Pesquisa, também estamos optando por um certo posicionamento teórico. Por exemplo, não é raro que o Materialismo Histórico – um dos principais paradigmas historiográficos contemporâneos – seja referido como um campo teórico-metodológico, uma vez que enxergar a realidade histórica a partir de certos conceitos como a "luta de classes" ou como os "modos de produção" também implica necessariamente uma determinada metodologia direcionada à percepção dos conflitos, das relações entre condições concretas imediatas e desenvolvimentos históricos e sociais. Uma certa maneira de ver as coisas (uma teoria) repercute de alguma maneira numa determinada maneira de fazer as coisas em termos de operações historiográficas (uma metodologia). Melhor dizendo, uma maneira específica de ver as coisas abre certas alternativas ou possibilidades de fazer as coisas, e pode bloquear ou tornar desnecessárias outras.

Pode também ocorrer, para certos aspectos de uma pesquisa, a independência entre procedimentos teóricos e metodológicos, ao menos no caso das metodologias que se referem a aspectos práticos, procedimentos padronizados, técnicas de precisão, e outros aspectos. Por exemplo, os arqueólogos estruturalistas, processualistas, historicistas, positivistas, marxistas, histórico-culturalistas, ou vinculados às mais diferenciadas perspectivas ou combinações teóricas, podem sustentar posicionamentos teóricos muito distintos, e em muitos casos inconciliáveis. Mas todos provavelmente concordarão, na atualidade, com certo conjunto de procedimentos metodológicos que devem ser observados pelo arqueólogo no sentido de isolar adequadamente o seu sítio, registrar a posição dos objetos encontrados, fazer medições de espaço, tempo e profundidade na terra, utilizar técnicas de datação adequadas para os objetos encontrados, e tantos outros procedimentos para os quais existem determinados consensos entre os arqueólogos com relação ao correto tratamento das fontes materiais. Já para os modos de analisar as fontes, de extrair delas informações e discursos, ou mesmo de pontuar as questões adequadas que permitirão estabelecer uma base para a formulação de interpretações, para esses aspectos existe uma gama muito diversificada de possibilidades metodológicas, e algumas delas podem encontrar menor ou maior consonância com determinadas perspectivas teóricas.

Também os profissionais de diversos campos de saber que lidam com entrevistas – ainda que se vinculem a perspectivas teóricas diferenciadas – em certos aspectos dispõem de técnicas que podem ser partilhadas por todos. Os tipos de entrevistas – dirigidas, semidirigidas, livres – os modos de coletar os dados (anotações, gráficos, estatísticas, comparação entre os entrevistados), os procedimentos que obrigam a definir muito bem o perfil dos entrevistados, a observância sistematizada das condições no interior das quais se realiza a entrevista, a recolha de autorizações para posterior publicação ou uso das entrevistas, de modo a atender a legislação em vigor e as exigências dos comitês de ética em pesquisa, todo esse conjunto faz parte de uma metodologia mais geral de aplicação de entrevistas, e um conjunto básico de preceitos da História Oral com os quais concordará a ampla maioria dos pesquisadores.

Desse modo, precisamos estar atentos para o fato de que o âmbito da Metodologia é muito vasto, e inclui desde procedimentos técnicos mais específicos, até métodos voltados para a análise e interpretação de dados, ou de constituição destes mesmos dados, os quais já implicam escolhas que apresentam uma interação mais direta com a Teoria.

Retornemos à discussão sobre a interação entre Teoria e Metodologia. Também, a pesquisa em História, e sua posterior concretização em Escrita da História (i. é, a apresentação dos resultados da pesquisa em forma de texto) envolvem necessariamente um confronto interativo entre teoria e metodologia. O ponto de partida teórico, naturalmente, corresponde a uma determinada maneira como vemos o processo histórico (porque há muitas). Podemos alicerçar nossa leitura da História na ideia de que esta é movida pela "luta de classes", tal como foi acima proposto em consonância com um dos princípios fundamentais do Materialismo Histórico. Mas se quisermos identificar esta "luta de classes" na documentação que constituímos para examinar este ou aquele período histórico específico, teremos de nos valer de procedimentos técnicos e metodológicos especiais. Será talvez uma boa ideia fazer uma "análise de discurso" sobre textos produzidos por indivíduos pertencentes a esta ou àquela "classe social" ("classe social", aliás, é também uma categoria "teórica"). Essa análise de discurso poderá se empenhar em identificar "contradições", ou em trazer a nu as "ideologias" que subjazem sob os discursos examinados, e para tal poderá se valer de técnicas semióticas, da identificação de temáticas ou de expressões recorrentes (análises isotópicas), da contraposição intertextual entre discursos produzidos por indivíduos que ocupam posições de classe diferenciadas, e assim por diante.

De igual maneira, se acreditamos que as condições econômicas e materiais determinam em alguma instância a vida social e as superestruturas mentais e jurídicas de uma determinada comunidade humana historicamente localizada (outro postulado teórico do Materialismo Histórico) deveremos selecionar ou constituir metodologias e técnicas capazes de captar os elementos que caracterizariam esta vida material. Dependendo do tipo de fontes históricas utilizadas poderemos, por exemplo, realizar análises quantitativas ou seriais, utilizar técnicas estatísticas para levantar as condições de vida de determinados grupos sociais dentro de uma determinada população, e assim por diante.

De todo modo, apesar das mútuas repercussões entre teoria e método, não devemos confundir uma coisa com a outra. Se há uma interpenetração possível entre concepções teóricas e práticas metodológicas disponíveis ao historiador ou a qualquer outro tipo de pensador/pesquisador, deve-se ter sempre em vista que "teoria" e "método" são coisas bem distintas, da mesma maneira que "ver" e "fazer" são atitudes verbais e práticas diferenciadas, embora possam se interpenetrar.

Posto isso, deve-se ainda entender que pode existir uma grande diversidade de teorias possíveis para qualquer objeto de investigação ou para qualquer campo de conhecimento examinado, e que as diversas teorias podem se contrapor, suceder ou se sobreporem umas às outras. Uma vez que cada teoria propõe ou se articula a uma determinada "visão de mundo", ela também corresponde à formulação de determinadas perguntas, e consequentemente abre espaço a um certo horizonte de respostas. Na mesma medida em que as teorias se diversificam, também variam muito as respostas proporcionadas por cada teoria em relação a certa realidade ou objeto examinado. Thomas Kuhn, autor do célebre livro *A estrutura das revoluções científicas* (1962), já considerava que uma teoria frequentemente se afirma em detrimento de outra precisamente porque responde a algumas questões que a outra teoria não respondia. Nessa perspectiva, as mudanças de teoria (ou as opções por uma ou outra teoria) ocorrem porque uma teoria satisfaz mais do que outra: porque as questões a que a teoria adotada dá resposta são consideradas mais importantes ou relevantes pelo sujeito que produz o conhecimento. Dito de outra maneira, cada teoria, ao corresponder ou equivaler a uma determinada visão de mundo, permite que sejam formuladas determinadas perguntas.

Bem compreendidas as diferenças entre "Teoria" e "Método", outro comentário importante é o de que, se toda Teoria é uma "visão de mundo", nem toda visão de mundo é necessariamente uma teoria. Uma religião, por exemplo, é uma visão de mundo, da mesma maneira que uma mitologia, ou uma cosmogonia. A Magia – que também propõe uma prática e um modo de agir sobre a vida cotidiana – também está implicada em um tipo de visão de mundo. Uma concepção artística, do mesmo modo, pode corresponder a um outro tipo de visão de mundo. A "teoria", portanto, corresponde apenas a um dos vários tipos de visão de mundo que se disponibilizam ao homem no seu permanente esforço de compreender e recriar o mundo no qual se encontra inserido.

Embora a palavra "teoria" também possa ser empregada para outros tipos de atividades, geralmente as Teorias – e as Teorias da História não são exceção – correspondem, conforme já foi ressaltado, a um tipo de visão de mundo que se relaciona ao que hoje entendemos por Ciência. Nesse sentido, uma Teoria pode ser definida como um corpo coerente de princípios, hipóteses e conceitos que passam a constituir uma determinada visão científica do mundo. Conforme Mario Bunge (n. 1919) – um dos mais célebres estudiosos da epistemologia – uma teoria seria um "conjunto de proposições ligadas logicamente entre si e que possuem referentes em comum"[14]. Faz parte da ideia de teoria a possibilidade de demonstração (de confirmar ou de extrair consequências daquilo que é formulado). Para estarmos no âmbito da Teoria também é necessário que o que se formula teoricamente seja submetido a um diálogo com outras proposições teóricas, seja para reforço ou para refutação. As diversas teorias relacionam-se, por contraste ou por interação, no interior de um campo de conhecimento mais vasto, que é o campo científico específico que se tem em vista. Dessa maneira, se uma visão de mundo como a Religião pode se colocar como uma experiência íntima do ser humano perante Deus ou o mundo supranatural, já a Ciência – e as teorias que nesta estão envolvidas – colocam-se necessariamente em um campo de diálogos.

---

14 BUNGE, 1982, p. 41.

4

Teoria da História

Como destaca Jörn Rüsen (n. 1938) em sua obra *Razão Histórica, teoria da história: fundamentos da ciência histórica*[15], a Teoria da História se refere ao "pensamento histórico em sua versão científica". De acordo com essa perspectiva, pode-se estabelecer uma distinção mais clara entre as "Filosofias da História" e as "Teorias da História" propriamente ditas, considerando que estas se vinculam ao novo momento em que a historiografia passa a reivindicar um estatuto de cientificidade, chamando a si novas necessidades. É também o que postula Arno Wehling em seu texto "Historiografia e Epistemologia Histórica"[16], fazendo notar que, obviamente, já existiam formas de conhecimento histórico bem antes da passagem do século XVIII ao XIX, neste

---

15 RUSEN, 2001, p. 14.

16 WEHLING, 2006, p. 181.

momento em que se passa a tomar como parâmetro para a historiografia a cientificidade e no qual, portanto, já se pode falar em "teorias da história". Contudo, naqueles momentos anteriores – como a antiga Grécia, o mundo Romano, a Idade Média, o Renascimento, ou o Moderno Absolutismo – apresentavam-se para a historiografia referenciais muito diversos, como "a *anamnese* grega, o patriotismo romano, o providencialismo medieval, ou o oficialismo absolutista"[17]. Não é senão em um contexto no qual a cientificidade se apresenta como um referencial para a historiografia, aspecto que se afirma mais consistentemente na passagem do século XVIII para o século XIX, que se pode falar da emergência de "teorias da História" como grandes sistemas de compreensão sobre a História e a Historiografia.

É importante ressaltar ainda que a expressão "Teoria da História" é utilizada geralmente em três sentidos distintos: de um lado, pode significar o conjunto global de artefatos teóricos (conceitos, princípios, perspectivas) disponíveis aos historiadores; de outro lado, pode se referir aos grandes paradigmas teóricos – como o Historicismo, o Positivismo, ou o Materialismo Histórico – que começam a surgir precisamente quando a historiografia come-

---

17 Ibid.

ça a manifestar pretensões cientificistas no século XIX e a se constituir como disciplina universitária; e, por fim, deve-se considerar que as "teorias da história" podem se referir a questões particulares. Nesse sentido, podemos acompanhar as reflexões de Agner Heller (n. 1929) em seu ensaio *Uma Teoria da História* (1981), no qual a filósofa húngara sustenta que, em termos de teorias da história, podemos nos referir tanto àquelas que se referem a objetos historiográficos específicos (eventos ou processos como a Revolução Francesa, o Nazismo, as Crises do Capitalismo) como às teorias mais amplas, mais generalizadoras, que se referem aos modos de elaborar a historiografia (como o Positivismo, o Historicismo, o Materialismo Histórico):

> Há tipos diversos de teorias: umas mais particularísticas e outras mais genéricas. Os historiadores podem fornecer uma teoria que diga respeito a determinado evento, a uma série de eventos, a um período, ao desenvolvimento de instituições segundo um entrecruzamento cultural e assim por diante[18].

No limite máximo de generalização, os historiadores podem oferecer teorias acerca do que seja a própria Historiografia. O que é a História, como ela se constrói, quais as tarefas

---

18 HELLER, 1993, p. 176 [original: 1981].

do historiador diante da produção deste tipo de conhecimento? Para que serve a História? Que tipo de conhecimento é a Historiografia? É possível, ou desejável, que o historiador faça previsões do futuro a partir de suas observações do passado? Que tipo de envolvimento – contemplativo, distanciado, comprometido, militante – deve ter o historiador em relação à História de sua própria época? Deve a Historiografia ser colocada a serviço de alguma causa, ou deve conservar o ideal de constituir um tipo de conhecimento desinteressado?

Perguntas como essas são respondidas de maneiras diferenciadas pelas várias Teorias da História – no sentido mais generalizado da expressão – e terminam por constituir, na especificidade de suas respostas, paradigmas historiográficos distintos. Por exemplo, o paradigma Positivista e o paradigma Historicista encaminham teorias da História bem distintas. Um e outro podem ser contrapostos como modelos bem diversos de historiografia. Claro que, quando se fala em Positivismo e Historicismo, temos modelos limites. Os historiadores específicos, no seu trabalho singular, não precisam se enquadrar diretamente em um ou outro desses paradigmas. Podem buscar mesmo mediações entre os dois, podem propor variações, podem responder algumas das perguntas acima propostas de uma maneira ou de outra. Não são obrigados, os historiadores, a seguirem uma cartilha paradigmática. Geralmente, há historiadores cuja visão de mundo sobre a história e sobre a historiografia se aproximam, e é isso o que vai dando origem a um determinado campo paradigmático. Claro que, uma vez que os historiadores estão mergulhados na própria história, com frequência podem se distanciar em suas posições fundamentais os historiadores que antes estavam inseridos, por afinidade, no interior de um mesmo campo paradigmático. Nesse caso, um historiador pode migrar ou colocar-se entre dois modelos historiográficos distintos, ou pode mesmo vir a construir uma nova teoria geral sobre a História[19]. É importante, de todo modo, que consideremos os grandes paradigmas historiográficos que abordaremos mais adiante como campos que fornecem modelos ou um determinado horizonte de visibilidade ou de escolhas, mas não como prisões teóricas às quais teriam de se ajustar necessariamente todos os historiadores.

---

19 Já que citamos a filósofa húngara Agner Heller (n. 1929), podemos lembrar que ela começa a sua produção filosófica como proeminente pensadora marxista, bem situada na linha de influência de Lukács, e que depois migra para uma perspectiva liberal. Para dar um outro exemplo, o historiador italiano Benedetto Croce (1866-1952) inicia sua produção historiográfica como marxista, e depois se desloca para uma perspectiva francamente historicista.

Outro aspecto relevante a ressaltar é que, em termos de "teorias da história", não existe a princípio a possibilidade de se falar em algumas teorias ou paradigmas historiográficos que sejam consensualmente consideradas melhores do que outros. Tal como assinala Agner Heller em seu ensaio *Uma Teoria da História* (1981), as teorias da história competem entre si, ratificam-se ou retificam-se umas às outras, integram-se ou excluem-se mutuamente, apresentam leituras diferentes para os mesmos problemas e objetos historiográficos. As teorias da história não são deste modo cumulativas: uma não se constrói necessariamente sobre a outra, integrando-a ou refutando-a, como se tivéssemos aqui um processo cumulativo no qual os saberes vão se superpondo em um grande *crescendo* de precisão e refinamento teóricos. Se um historiador tiver por objetivo o de desenvolver uma nova teoria sobre os processos relacionados à Revolução Francesa, jamais poderá dizer que finalmente chegará com o seu trabalho à teoria correta e definitiva sobre essa questão. De igual maneira, ainda que defenda ferrenhamente o seu modo de conceber a historiografia de modo mais geral, um Positivista jamais poderá dizer que refutou o Historicismo, ou vice-versa, e tampouco o Materialismo Histórico poderá ser colocado como a tábua de leitura definitiva para examinar os processos históricos. Podemos, como historiadores, optar pelo Positivismo, pelo Historicismo, pelo Materialismo Histórico, por combinações entre esses paradigmas, por mediações entre eles, por uma abordagem weberiana, ou por uma teoria eclética à base de elementos de procedências teóricas diversas. Mas isso será sempre uma opção teórica. Ainda que um historiador arrogue-se estar do lado da verdade em termos de escolhas teóricas, jamais haverá consenso sobre isso. A Teoria da História será sempre uma grande Arena, um eterno campo de disputas e diálogos vários.

Trata-se esta de uma situação um pouco distinta da que ocorre, ou pelo menos ocorreu até tempos recentes, com certos campos de conhecimento como a Física. Durante séculos, vigorou o paradigma newtoniano da Física, e as teorias que iam sendo construídas dentro desse campo de conhecimento apoiavam-se umas nas outras, ampliando um determinado horizonte de leitura da realidade no qual as descobertas e formulações teóricas feitas no passado tornavam-se bases para novas formulações no presente e no futuro. Havia também, é claro, aportes teóricos que no processo de reflexão e pesquisa dos físicos, ao longo da história de seu campo de conhecimento, viam-se descartados definitivamente, ocorrendo também um certo consenso de todos eles acerca do desenvolvimento cumulativo de seu campo de conhecimento, de tal maneira que se costumava falar em "descobertas" – algo que se tornava uma conquista definitiva para os físicos. Esse padrão só começou a ser quebrado com a emergência de novos paradigmas da Física, como a "Teoria da Relatividade" ou a "Física Quântica", que a rigor trouxeram novos modos de ver o mundo que eram bem distintos do paradigma newtoniano que vigorara durante séculos. Neste momento, em que se dá na passagem do século XIX para o XX e nas primeiras décadas deste novo século, pode-se dizer que a Física, enquanto campo de saber específico, começou a experimentar algo que já era bem familiar aos historiadores e cientistas sociais: a convivência de teorias distintas que forneciam padrões distintos de visualização dos fenômenos físicos. Os físicos passaram a se defrontar, a partir de Einstein e da Física Quântica, afora outras diversas teorias, com o fato de que várias teorias podem ser apresentadas como corretas dentro de um certo campo de saber, embora fornecendo leituras bem diversificadas, ou mesmo antagônicas entre si, da realidade examinada.

A competição entre teorias historiográficas já era antiga – seja no que se refere a teorias particularizantes sobre aspectos históricos específicos – como a Revolução Francesa ou a passagem do mundo medieval ao mundo moderno – seja no que se refere a teorias mais gerais sobre a própria história – sobre a história processual como um todo ou sobre os modos como se deve escrever a historiografia, por exemplo. Pensadores iluministas diversos ofereceram leituras diferenciadas daquilo que consideravam uma tendência da história universal; historiadores românticos do século XVIII e historicistas do século XIX criticaram precisamente esta ideia de que seja possível ou válido escrever uma história universal, válida para todos os povos; entrementes, os positivistas do século XIX logo reinvestiriam na busca de leis gerais – e entre eles havia os que acreditavam que o desenvolvimento histórico era orientado pelo determinismo geográfico, pelo determinismo biológico, ou pelo determinismo econômico. Em outra linha de renovações, Friedrich Hegel (1770-1831) introduz, na primeira metade do século XIX, uma leitura dialética da história, de base idealista, mas logo Karl Marx (1818-1883) retoma de Hegel a proposta dialética para a recolocar sob uma leitura materialista da História. Já no século XX, historiadores ligados aos *Annales*, como Fernand Braudel (1902-1985), teorizariam sobre os padrões múltiplos de temporalidade, introduzindo o conceito de "duração" nos modos historiográficos de abordar o tempo[20]. Ao mesmo tempo, no âmbito do Materialismo Histórico, infinitas variações teóricas seriam propostas pelos historiadores que tomaram como linha mestra de orientação os princípios estabelecidos por Marx e Engels no século anterior. Enquanto isso, novas e antigas propostas teóricas e historiográficas não cessam de surgir da paleta dos historiadores, seja repensando os padrões que regeriam o movimento geral da história, seja examinando sob novas perspectivas esse próprio campo de saber que é a História. Assim, historiadores como Arnold Toynbee (1889-1975) ou Oswald Spengler (1880-1936) iriam propor uma visão de mundo sobre a história das civilizações que as abordava em termos de nascimento, ascensão e declínio[21]. Benedetto Croce (1866-1952), de sua parte, e também Collingwood (1889-1943)[22], aproximariam a historiografia da Arte, por oposição a inúme-

---

20 "O Mediterrâneo e o mundo mediterrâneo à época de Filipe II" [original: 1949] e "História e Longa Duração" [original: 1958]. BRAUDEL, 1978, p. 7-10, 41-78.

21 TOYNBEE. *Um estudo da História* [originais: 1934-1961].
• SPENGLER. *O declínio do Ocidente* [original: 1918].

22 CROCE. *A História reduzida ao conceito geral de Arte*, 1893. • COLLINGWOOD. *Uma ideia de História* [original: 1946].

ros outros historiadores que viam o seu campo de conhecimento como relacionado a uma Ciência ou ao menos a um tipo de conhecimento cientificamente conduzido[23]. A Teoria da História, enfim, nunca deixou de multiplicar as suas alternativas internas. Abordar a Teoria da História, por isso mesmo, é adentrar um campo de diálogos, de disputas, de inovações permanentes.

---

23 Como já ressaltamos, essa costumava ser a posição de Febvre, bem expressa nos *Combates pela História* (1953). Enquanto isso, Paul Veyne, que em *Assim se escreve a História* (1971) afastava-se da leitura da História como ciência, em 1974, em "A História conceptualizante", já admite que a história apresenta núcleos de cientificidade.

5

O surgimento das Teorias da História: o contraste inicial entre Historicismo e Positivismo

A passagem do final do século XVIII ao XIX é assinalada por uma nova perspectiva do que deveria ser a História[24]. O acentuado interesse de transformar a historiografia em um campo de conhecimento com estatuto científico, e a emergência da figura do historiador como um profissional especializado que seria o único institucionalmente legitimado a escrever história, estarão aqui acompanhados da inserção da História entre as cadeiras universitárias.

Um aspecto muito interessante a se considerar nesse processo é lembrado por Arno Wehling em um texto sobre "Historiografia e Epistemologia Histórica" (2006). Para

---

24 RÜSEN, 1996.

que ocorresse a passagem da historiografia ao campo científico, a História – ao contrário de outras ciências sociais que já nasceram em um contexto de cientificidade – precisou passar por uma verdadeira "refundação", simplesmente porque diversas formas de historiografia já existiam como campo de saber específico desde a Antiguidade (como, aliás, também o Direito e a Geografia, e em contraste com as novas disciplinas que surgem nos séculos XVIII e XIX, tais como a Sociologia, a Antropologia, a Economia Política e outras que já nascem no contexto da moderna cientificidade).

O novo momento da historiografia representa de fato uma autêntica refundação, e de acordo com essa perspectiva podemos compreender bem melhor a passagem da época das "filosofias da história" ao âmbito das "teorias da história". Com a fundação da Universidade de Berlim em 1810, que assegura um lugar para a História entre seus demais campos de saber, a Escola Histórica Alemã desempenhará um papel fundamental nessa nova fase da história da historiografia. Além disso, ao lado da perspectiva historicista que começará a se desenvolver a partir da Escola Alemã, também se afirmará um segundo paradigma importante com influências significativas para o campo da História: o Positivismo.

O que ocorre é que tanto o Historicismo como o Positivismo, cada qual à sua maneira, pretendem considerar a História e as demais ciências da sociedade do ponto de vista da produção de um conhecimento científico – mesmo que divergindo com relação ao tipo de conhecimento científico que deveria ser constituído pela historiografia. O mesmo, aliás, ocorrerá com a perspectiva que seria trazida pelo Materialismo Histórico. Sutilmente, delineia-se aqui a passagem da "Filosofia da História" para a "Teoria da História". Embora o século XIX siga apresentando filosofias da história, e a mais importante delas seria a Filosofia da História proposta por Hegel nos ensaios *A Razão na História* (1837, *post*) e *Fenomenologia do Espírito* (1807), doravante os historiadores propriamente ditos preferirão falar de seu campo de estudo em termos de "teorias" e "métodos", precisamente porque isso os aproximará mais, de um ponto de vista simbólico, das demais Ciências com as quais pretendem ombrear. Os dois novos paradigmas que emergem já na primeira metade do século XIX, o Historicismo e o Positivismo, embora sejam por alguns autores entendidos como filosofias da História, já tendem a ser discutidos no campo da Teoria da História. Será interessante discutir esses dois paradigmas neste momento, pois o confronto entre eles coloca no cerne da discussão sobre a História a questão da relação entre Objetividade e Subjetividade na produção do conhecimento histórico. Essa questão fortemente teórica, conforme seja tratada por um ou outro destes campos, estará na base da reorientação de toda a historiografia do século XIX. É importante lembrar ainda que no século XIX emergirá também um terceiro campo paradigmático, do qual posteriormente trataremos: o Materialismo Histórico.

Podemos iniciar fazendo notar que a distinção fundamental entre positivistas e historicistas refere-se ao contraste de suas perspectivas sobre o Homem – percebido consoante uma natureza imutável pelos positivistas, e como um ser em movimento e em processo de constante diferenciação, pelos historicistas. Essas perspectivas distintas sobre o Homem são acompanhadas de perspectivas singulares também sobre a História: enquanto o Positivismo teria uma perspectiva universalizante da História – colocando-se neste aspecto em particular como uma corrente herdeira do Iluminismo, embora a traduzindo para um viés conservador –, já o Historicismo se construirá em torno de uma perspectiva particularizante da História.

Para além disso, os dois paradigmas também se opõem precisamente naquilo que se refere ao papel da Objetividade e da Subjetividade na produção do conhecimento histórico – um aspecto teórico, aliás, particularmente importante em vista da sua capacidade de redefinir a posição do sujeito e do objeto de conhecimento histórico. Vejamos os desdobramentos dessa diferenciação teórica entre os dois modelos.

Aferrados a um paradigma cientificista que procura aproximar ou mesmo fazer coincidir os modelos das Ciências Naturais e das Ciências Sociais e Humanas, os Positivistas tendem a enxergar a subjetividade e a diversidade – do mundo humano examinado, mas também do historiador – como um problema a ser resolvido por uma história que postula ocupar seu lugar entre as ciências. Todos os seus esforços estarão em enxergar a unidade por trás da diversidade humana, em tentar identificar as regularidades, as leis gerais que presidiriam o desenvolvimento das sociedades, e em aproximar das ciências naturais e exatas as metodologias historiográficas que poderiam lograr atingir essas finalidades. Para a sua realização, o Positivismo preconizará a "neutralidade do historiador" – isto é, a perspectiva teórica deste poderia se destacar do objeto examinado e analisar imparcialmente as sociedades e processos históricos. Concomitantemente, o mesmo modelo postulará uma identidade de métodos entre as Ciências Naturais e as Ciências Humanas.

Para a historiografia, que lida com fontes históricas como mediadoras entre o sujeito que produz o conhecimento e o objeto histórico examinado, essa postura positivista fundamental também produzirá um tipo de aproximação do historiador em relação às suas fontes. O historiador positivista acreditará em uma realidade dada por inteiro na documentação, cabendo ao historiador recuperá-la imparcialmente. Com os historiadores metódicos das últimas décadas do século XIX, uma corrente que traz elementos tanto do Positivismo francês quanto de um historicismo mais conservador inspirado na linha rankeana, isso implicará praticamente a ideia de que os documentos podem falar por si mesmos. Para um historiador positivista mais puro, como o inglês Henry Thomas Buckle (1821-1862), ocorrerá entre outros projetos a prédica da valorização de coletas estatísticas de dados, que seria uma maneira de aproximar os métodos da História dos de outras ciências[25]. De igual maneira, para Taine (1828-1893), um historiador francês que abraça o sonho positivista de encontrar as leis

---

25 BUCKLE. *History of Civilization in England*. In: GARDNER, 1995, p. 134-136.

gerais que regeriam os desenvolvimentos humanos, seria possível compreender o homem a partir de três fatores combinados: o meio ambiente, a raça, e o que ele chamou de "momento histórico".

A perspectiva teórica dos Historicistas é radicalmente distinta daquela que é apresentada pelo Positivismo. No limite, tenderão a enxergar a subjetividade não como um problema, mas como uma riqueza, ou mesmo como aquilo que precisamente permite à História constituir-se em um conhecimento dotado de uma especificidade própria. Haverá também, no arco historicista que se inicia no século XIX e que segue pelo século XX adentro, aqueles que, reconhecendo-a, buscam controlar a subjetividade, impor-lhe limites, almejando tanto quanto possível assegurar uma certa neutralidade do historiador. Mas os maiores nomes das últimas décadas do século XIX, que estendem sua contribuição para uma continuidade com os historicistas do século XX, chegam a realizar efetivamente a virada relativista, e a lidar com a subjetividade (inclusive a do próprio historiador) como algo que não compromete a cientificidade do trabalho historiográfico. Em vista disso, será fundamental para esses historicistas opor o paradigma explicativo das Ciências Naturais (e reivindicado pelos positivistas) ao paradigma da *Compreensão*, aspecto que encontra a sua mais sofisticada formulação teórica com Whilhelm Dilthey (1833-1911) e que será operacionalizado de maneiras distintas por alguns historicistas quando contrapostos entre si.

A principal contribuição do paradigma Historicista, principalmente através da vertente relativista que se anuncia com Droysen e Dilthey e que seguirá adiante, foi ter chamado atenção para a historicidade de todas as coisas, inclusive da razão humana. Hans-Georg Gadamer (1900-2002), historiando uma contribuição hermenêutica que começa a adquirir impulso no século XIX a partir da abordagem ainda romântica do teólogo Schleiermacher (1768-1834), e que avança pela hermenêutica historicista de Dilthey até chegar a *O Ser e o Tempo* de Heidegger (1927), indica em sua obra máxima – *Verdade e Método* (1960) –, mas também na série de conferências que foi publicada sob o título *A Consciência Histórica* (1996), essa singularidade maior que seria a do homem contemporâneo: a sua "consciência histórica". Apresentada pelo filósofo e teórico historicista não apenas como um privilégio, mas talvez mesmo como um "fardo", a consciência histórica seria uma especificidade que diferencia o homem contemporâneo – entendido como o homem do século XX e além – de todas as gerações anteriores.

Gadamer define a consciência histórica como o privilégio de o homem moderno ter "plena consciência da historicidade de todo o presente e da relatividade de toda a opinião"[26]. Eis aqui uma contribuição definitiva do Historicismo, a qual aliás se constituirá também em um dos pilares de outra importante Teoria da História: o Materialismo Histórico. Por outro lado, no que se refere às transformações na Teoria, o Historicismo traria no século XX notáveis realizações como os ensaios *Futuro Passado*, de Koselleck (1979), ou *Tempo e Narrativa*, de Paul Ricoeur (1983/1985). Reinhart Koselleck (1923-2006), por exemplo, introduz com sua perspectiva historicista sobre os sistemas conceituais todo um novo campo de atuação para os historiadores, que é o da "história dos conceitos". Com isso, a teoria torna-se ela mesma objeto de uma pesquisa historiográfica.

---

26 GADAMER, 1998, p. 17.

6

Materialismo Histórico

O Materialismo Histórico começa a surgir como campo teórico-metodológico – ou como paradigma, poderíamos dizer – com as obras fundadoras de Marx e Engels a partir de meados do século XIX. Seria importante sintetizar alguns de seus pressupostos e conceitos, pois de fato eles constituem o corpo de uma nova Teoria da História que passa a estar disponível para os historiadores já na segunda metade do século XIX, mas logrando atingir as suas maiores realizações no decorrer do século XX.

Nosso empenho inicial será o de delinear o Materialismo Histórico a partir de alguns de seus traços fundamentais. Além da criação e inovação relacionadas a aspectos vários, como a descoberta da "mais-valia" para a análise do Capital, os novos usos para o conceito de "Alienação"[27], ou ainda a reflexão historiográfica mais sistemática sobre a "Acumulação Primitiva"[28] – aspectos que não serão tão discutidos aqui, pois estaremos mais interessados naquilo que se aplica de modo mais geral à Teoria da História –, o gênio de Karl Marx atuou desde o princípio de seus textos e práticas inter-relacionando, no interior de um sistema teórico inteiramente novo para a compreensão da História, alguns conceitos

---

[27] O conceito já aparece em Hegel – referindo-se à contradição entre existência e essência desenvolvida pelo Espírito na sua caminhada histórica, ao progredir do estranhamento à retomada final da autoconsciência. Ludwig Feuerbach (1804-1872) aplicou a ideia de alienação (estranhamento) à análise mais específica da questão religiosa, argumentando que a alienação religiosa era a mãe de todas as alienações e que, "ao criar Deus e projetar um ser idealizado no Céu", o homem havia se alienado de si mesmo. Karl Marx, por outro lado, tanto nos *Manuscritos econômico-filosóficos* de 1844, como também em obras posteriores mais voltadas para a alienação no seio da produção capitalista, expandiu o conceito para novas direções. Sobre isto, cf. BARROS, 2011f, p. 223-245.

[28] Marx aborda a "acumulação primitiva" – a qual teria permitido a gênese histórica do capitalismo – no capítulo 24 do Livro I de *O Capital* (1867), analisando em detalhe o desenvolvimento histórico deste processo na passagem do Período Medieval para a primeira Modernidade. Rigorosamente falando, o conceito também já aparece em Adam Smith, com a designação *"previous accumulation"*, na *Investigação sobre a natureza e a causa da riqueza das nações* (1776). A primorosa análise de Marx, contudo, acrescenta-lhe uma nova perspectiva, realmente inovadora.

que já tinham aparecido a partir de outros autores. A ideia de uma "luta de classes", por exemplo, já havia sido mencionada por historiadores franceses do período da restauração, como François Guizot (1787-1874) e Augustin Thierry (1795-1856). A dialética idealista de Friedrich Hegel (1770-1831) foi rigorosamente invertida por Karl Marx de modo a situar o desenvolvimento material como ponto de partida da análise histórica em um inédito modelo de Materialismo Dialético. A noção de ideologia tinha já uma pequena história pregressa, cujo desenvolvimento alguns remetem a Napoleão Bonaparte[29]. Com relação à

---

[29] Em 1801, o filósofo e político francês Destutt de Tracy (1754-1836) havia publicado um livro intitulado *Elementos de Ideologia*. Nessa obra, utiliza o termo "ideologia" como uma expressão genérica, relativa a um novo campo de conhecimentos que desejava fundar sob a designação de "ciência das ideias", e que teria como objetivo último conhecer a "natureza humana". Pouco depois, a expressão "ideologia", em um discurso de 1812, seria empregada pejorativamente por Napoleão Bonaparte contra o próprio Destutt de Tracy e outros professores parisienses, que de acordo com o futuro imperador francês estariam "fazendo ideologia", no sentido de "especulação abstrata, falsa e irresponsável" (WOLKENER, 1995, p. 93). Posteriormente, Marx e Engels se apropriariam da expressão transformando-a em conceito importante para a sua perspectiva do Materialismo Histórico, utilizando-a inclusive no título de uma de suas obras: *A Ideologia Alemã* (1946). O conceito teria cidadania permanente no âmbito deste novo paradigma das ciências sociais, embora admitindo diversas variações em seus sentidos a partir das obras de Gramsci, Althusser e outros pensadores marxistas.

própria visão materialista do mundo, essa não era uma ideia nova, e o século XVIII conhecera desenvolvimentos peculiares na direção do que Marx consideraria um "materialismo vulgar". Mesmo o incontornável vínculo entre Economia e História já havia sido identificado por Jerome Adolph Blanqui (1798-1854) em sua *Histoire de l'économie politique em Europe* (1843, 2ª ed.), e também a Economia Política de Adam Smith já trabalhara diretamente com essa correlação, inclusive examinando a história a partir das transformações dos sistemas de economia, tecnologia e trabalho que logo Marx e Engels chamariam de "modos de produção". Quanto ao socialismo, embora não um "socialismo científico" como proporiam os fundadores do materialismo histórico, este era já um horizonte de luta para certos grupos radicais da França Revolucionária e um sonho otimista bem presente no pensamento ainda idealizado de "socialistas utópicos" como Charles Fourier (1772-1837), Saint-Simon (1760-1825), Robert Owen (1771-1858). Todas essas ideias, propostas conceituais e posturas práticas – advindas de origens diversas – foram inter-relacionadas de uma maneira inteiramente original para a constituição dos fundamentos daquilo que posteriormente seria chamado de Materialismo Histórico.

Vamos considerar, antes de mais nada, aquilo que é realmente inseparável do Materialismo Histórico enquanto campo teórico-metodológico específico que permite compreender a História e a dinâmica das sociedades humanas. Deve-se aqui ter em vista os três fundamentos centrais do Materialismo Histórico: a "Dialética", o "Materialismo", e a "Historicidade Radical". Se abstrairmos qualquer um desses fundamentos, o Materialismo Histórico deixa de fazer sentido em seu núcleo mínimo de coerência: ou se dissolve, ou se desfigura, ou se transforma em uma outra coisa. Por exemplo, se conservarmos apenas as ideias de Dialética e de Historicidade Radical, mas descartarmos o fundamento do "Materialismo", facilmente recairemos em algo muito próximo do Idealismo Hegeliano. Isso porque o sistema de compreensão do mundo proposto por Hegel era também Dialético e Histórico, embora fosse Idealista (e não Materialista, conforme já veremos).

De igual maneira poderíamos pensar um sistema que fosse Materialista e Histórico, mas não Dialético, o que seria já qualquer outra coisa que não o sistema proposto por Marx e Engels. Uma combinação peculiar de Materialismo e de Dialética (não no sentido de "movimento", e sim no que se refere à consideração das "contradições"), mas que estivesse concomitantemente abstraída da Historicidade, possivelmente resultaria em algum tipo de Estruturalismo.

Dialética, Materialismo e Historicidade, portanto, constituem aquilo de que não se pode prescindir, caso desejemos permanecer nos limites mínimos do Materialismo Histórico. Tudo o mais, de alguma maneira, poderia ser negociável. Mas não essas noções basilares.

Constituem também parte importante do núcleo teórico mínimo três conceitos fundamentais do Materialismo Histórico, sem os quais também resulta bem difícil trabalhar operacionalmente com a perspectiva do materialismo histórico. De certa maneira, eles derivam dos fundamentos acima propostos. A noção de "Práxis" – algo que une teoria e prática, ou pensamento e ação em um todo coerente, é de certo modo um desdobramento da Dialética. O conceito de "Luta de Classes" desdobra-se diretamente da combinação entre Historicidade e Dialética (no sentido de que esta envolve, como já veremos, "contradições"). "Modo de Produção", por fim, constitui um conceito que busca expressar o núcleo mínimo de Materialidade de uma determinada formação social, embora esse conceito também dependa diretamente dos outros dois fatores – a Dialética (pois todo modo de produção articula certas contradições internas) e a Historicidade (uma vez que os modos de produção modificam-se de alguma maneira continuamente, até que finalmente se transformam em outros modos de produção, já característicos de uma nova formação social).

Temos no núcleo mínimo do Materialismo Histórico, portanto, três fundamentos (Dialética, Materialismo e Historicidade) e três conceitos incontornáveis ("práxis", "luta de classes" e "modo de produção"). Para além disso, existem outras noções bastante recorrentes nas diversas correntes relacionadas ao Materialismo Histórico, tal como conceitos de "determinismo", "revolução", "ideologia", afora diversos outros.

A História, para o Materialismo Dialético, dá-se em duas dimensões distintas, mas interligadas, pois ela é simultaneamente a "História das Lutas de Classe" e a "História da sucessão de Modos de Produção". Só este duplo enunciado, o primeiro bem apresentado no *Manifesto Comunista* (1848), o segundo discutido em *A Ideologia Alemã* (1846), já seria suficiente para alçar Karl Marx e Friedrich Engels como instituidores de um modo de ver a História radicalmente novo e diferenciado em relação à ampla maioria dos historiadores do seu tempo. Eric Hobsbawm (1917-2012), no balanço de 1968 no qual lança a indagação sobre "O que os historiadores devem a Karl Marx", mostra como os historiadores do século XIX, a exemplo de Ranke, se ocupavam então de examinar basicamente as Guerras, a Diplomacia, a vida dos grandes líderes, aqui ou ali, eventualmente, a História Institucional, mas sobretudo uma História (da) Política. Não uma História Política no moderno sentido de uma "história do poder", mas uma história da política, ou seja, dos meios políticos e dos homens que a faziam nos Parlamentos e outros órgãos ligados ao estado. Já os fundadores do Materialismo Histórico, ao proporem que "a História é a História da Luta de Classes", o que estavam fazendo senão propor um deslocamento do olhar do historiador para uma dimensão impensada até então – a História Social? E, ao mesmo tempo, ao sustentarem que a História é a "História dos Modos de Produção", o que estavam propondo senão deslocar o olhar historiográfico para as bases econômico-sociais e suas consequências sobre a sociedade e a História? Não seria isso, essencialmente, uma inédita abertura para a História Econômica? Marx e Engels introduzem um novo e duplo olhar na História: uma atenção para a dimensão Econômico-Social. Esse novo modo de ver a História pode ser compreendido também como uma contribuição teórica no seu sentido mais estendido, aquele no qual a "Teoria" corresponde a um "modo de ver as coisas", de acordo com a etimologia da palavra com base no significado já trazido pela palavra desde os filósofos da Grécia antiga.

O Materialismo Histórico compreende um campo rico para a percepção da importância da Teoria na História, e, simultaneamente, da dinamicidade dessa teoria, pois no decorrer de mais de um século e meio, a partir das primeiras formulações de Marx e Engels, não cessaram de ocorrer renovações conceituais no interior desse paradigma, que aliás estendem as suas contribuições para a historiografia como um todo, não se limitando apenas aos quadros do Marxismo.

A chamada Escola Inglesa do Marxismo, apenas para dar um exemplo, representa um grupo importante para a renovação teórica do Materialismo Histórico. O grupo tendeu a flexibilizar a teoria marxista tal como era veiculada por setores mais ortodoxos no marxismo historiográfico. A desconstrução da metáfora base/estrutura, que implicava um padrão linear de determinismo, foi rediscutida por autores como Edward Thompson de *Miséria da Filosofia* (1978) ou Raymond Williams de *Marxismo e Literatura* (1971). Trazer a cultura para primeiro plano das análises marxistas, conectando-a com a política e a história social, permitiu por exemplo que fosse rediscutido o próprio conceito de "classe social", passando a ser entendido não apenas como uma categoria econômica, mas também como uma categoria cultural.

7

Palavras finais sobre o papel da Teoria da História na formação do historiador

Os três exemplos desenvolvidos nas seções anteriores – as perspectivas teóricas do Positivismo, Historicismo e Materialismo Histórico – constituem apenas pequenas demonstrações, e muito simplificadas, da extensa e rica rede de possibilidades paradigmáticas e teóricas que estão sempre disponíveis aos historiadores em formação, bem como aos pesquisadores de História em seu trabalho diário e na sua realização de pesquisas históricas específicas. Outros exemplos poderiam ser oferecidos e discutidos, um grande número de outros, mas isso só seria possível em uma obra de dimensões mais alentadas, e ainda assim jamais poderia ser concentrado, mesmo que em diversos volumes, o enorme caudal de possibilidades teóricas das quais dispõem os historiadores para a realização de seus trabalhos de reflexão sobre a história.

Um historiador que compartilha de determinada visão teórica sobre as sociedades humanas e seus processos de desenvolvimento, ou que se acerca de certo modo de compreender a História enquanto campo de conhecimento – instrumentalizando em cada caso de conceitos específicos e se expressando através deste ou daquele vocabulário –, faz se representar para o seu leitor um certo mundo histórico, e não outro. O historiador que enxerga a história das sociedades humanas como um grande confronto de grupos sociais, aflorado em conexão com forças econômicas e sociais que desenvolvem e superam contradições essenciais que devem ser estudadas em primeiro plano, enxerga um mundo distinto daquele que é vislumbrado pelo historiador que examina a história sob a perspectiva de uma grande conciliação de classes. Ambos, por compreenderem a história como um processo no qual os grupos sociais são os verdadeiros promotores do movimento, os grandes agentes a serem considerados, enxergam mundos históricos distintos daquele que é trazido à baila pelo historiador que compartilha da ideia de que o que move a história são os grandes indivíduos.

De maneira análoga, o historiador que acredita ter o poder e os meios de se distanciar cientificamente da sociedade estudada a ponto de conseguir examiná-la com absoluta neutralidade, tal como um astrônomo que observa a distância as estrelas, também apresenta ao seu leitor um mundo distinto daqueles que podem ser apresentados pelos historiadores que – ainda que observando as regras do método e trabalhando com rigor e seriedade – consideram as suas próprias perspectivas produtos da história.

São igualmente visões teóricas distintas, capazes de produzir leituras historiográficas diferenciadas, aquelas que acreditam no progresso da humanidade em uma direção definida – seja esta o reino da razão absoluta finalmente alcançada ou a realização de uma sociedade sem classes e explorações sociais – ou ainda as leituras do mundo social que enxergam a história a partir de uma perspectiva teórica que busca dar a perceber as descontinuidades. Se lanço mão deste ou daquele conceito para tentar entender os sistemas de dominação, os movimentos populares, as realizações culturais, as hierarquias por entre as quais circulam os seres humanos envolvidos em uma mesma sociedade – ou se conceituo como populismo ou trabalhismo um certo modelo político, como ditadura ou contrarrevolução determinado sistema repressivo –, sempre e sempre, ao pensar e me expressar através dessas e outras categorias e perspectivas teóricas, estarei representando para o leitor um mundo histórico diferente de outros que partirem ou chegarem a proposições teóricas distintas.

Os historiadores que constituem os seus trabalhos a partir de teorias distintas, ou de abordagens diferenciadas, veem efetivamente mundos históricos distintos, ou mesmo vivem em mundos históricos diferenciados. Ao produzirem os resultados de seus trabalhos – livros, artigos, conferências, entrevistas, filmes e programas de televisão, ou ainda um bom ensino de história para estudantes e beneficiários de diversos tipos – também conduz os seus leitores e espectadores a conhecerem novos mundos, a viverem em novas realidades históricas, a reconstruírem as suas próprias vidas e compreensões do mundo de acordo com as novas perspectivas que lhes foram oferecidas. As escolhas teóricas, ao produzirem novos mundos históricos, constituem portanto uma grande responsabilidade social dos historiadores.

O papel da Teoria da História na formação do historiador, como se deve ter percebido, é fundamental. Se a Historiografia se constrói com Teoria e Método, se a Historiografia é nos dias de hoje vista como vinculada a "problemas" – e já vão longe os tempos em que se podia simplesmente propor uma história meramente descritiva –, é a Teoria o que dará um lastro essencial ao historiador em formação, de modo a que ele construa uma História realmente problematizada e se prepare para representar os processos históricos com a responsabilidade inerente ao seu ofício.

Charles Seignobos (1854-1942), nos últimos anos do século XIX, havia formulado uma frase que ficou célebre: "Sem Documento não há História". Lucien Febvre (1878-1956), no contexto que presidiria a consolidação da Escola dos Annales na França, iria, em seus *Combates pela História* (1953), contrapor a essa frase uma outra: "Sem Problema não há História". Febvre estava alvejando, com este dito, uma historiografia que considerava factual, meramente descritiva, fetichizadora do documento e do fato histórico, sempre tratado como algo dado previamente e que caberia ao historiador apenas desvelar. A perspectiva de Febvre é que a História deveria sempre ser reconstruída a partir do Presente de acordo com um Problema e orientada pela formulação de hipóteses. Tratava-se, segundo o próprio termo por ele cunhado, de elaborar uma "História-Problema".

O "Documento", ou a "Fonte Histórica", como se diz hoje mais habitualmente, continua certamente na base do método historiográfico. Sem fontes históricas não há caminho possível para que um historiador atinja uma determinada realidade ou processo histórico que pretenda examinar, ou, tampouco, não surge a possibilidade de reformular uma certa visão do Passado em função de questões levantadas no Presente. Na base do método historiográfico encontra-se certamente a fonte histórica, material do qual deverá partir o historiador. Contudo, nos dias de hoje o método e a base empírica devem interagir ativamente com a Teoria, pois caso contrário não se teria uma história problematizada.

O "Problema", de fato, está precisamente na base do que pode ser referido a uma "Teoria da História", a uma certa maneira de "ver" a historiografia de maneira geral ou a um certo modo de conceber determinado processo histórico especificamente. Quando um problema é formulado pelo historiador, quando ele propõe certas hipóteses, quando ele instrumentaliza certos conceitos, reconstrói-se a história de uma nova maneira. A "Teoria", então, torna-se fundamental para que surja uma historiografia problematizada, correspondente à época e ao contexto em que foi produzida, e sempre capaz de sucessivas reformulações.

É a Teoria que responde àquilo que Jörn Rüsen, em seu ensaio *Razão Histórica*, chamou de "carências de orientação no tempo presente"[30]. De igual maneira, através da Teoria os historiadores estabelecem o seu diálogo, exercem pressões uns sobre os outros, para retomarmos as imprescindíveis reflexões de Michel de Certeau (1925-1986) sobre a *Operação Historiográfica* em seu célebre texto de 1974.

Teoria e Método, certamente, são os dois alicerces do trabalho historiográfico. "Problemas" e "Fontes" são imprescindíveis para uma historiografia que apresente o compromisso de corresponder realmente a um maior interesse científico. Dessa maneira, é fundamental uma atenção especial aos modos de tratamento das fontes historiográficas, mas, sobretudo, às concepções e horizontes teóricos que podem orientar e reorientar a operação historiográfica. Com a reflexão Teórica, com o desenvolvimento da capacidade de operacionalizar conceitos e de formular hipóteses, o historiador em formação completa o conjunto de requisitos para desenvolver uma contribuição histórica relevante. Torna-se efetivamente responsável pelo que diz e pelo que dá a ler aos seus leitores. Torna-se, ele mesmo, parte consciente de uma grande história pacientemente elaborada através dos tempos.

---

30 RÜSEN, 2001, p. 35.

Nota sobre o texto

O livro que aqui se apresenta deriva de um artigo publicado pelo autor na revista *Teias*, da Universidade Estadual do Rio de Janeiro, com o título "Teoria e formação do historiador" (BARROS. *Revista Teias*, vol. 11, n. 23, set.-dez./2010, p. 41-62). O texto também incorpora desenvolvimentos apresentados, anteriormente, no livro *Teoria da História*, volumes I, II e III (BARROS, 2011). Na verdade, pode ser compreendido como uma instigação inicial para a leitura da Coleção Teoria da História, publicada em cinco volumes por esta editora.

Referências

Fontes

BLANQUI, J.A. *Histoire de l'économie politique em Europe*. Paris: Guillaumin, 1837 [2. ed.: 1846].

BLOCH, M. *Apologia da História*. Rio de Janeiro: Zahar, 2001 [original: 1941-1942].

BRAUDEL, F. "História e Ciências Sociais: a longa duração" [extraído do Prefácio de *O mediterrâneo*]. In: *Escritos sobre a História*. São Paulo: Perspectiva, 1978, p. 7-10 [original: 1949].

_____. "O Mediterrâneo e o mundo mediterrâneo à época de Filipe II". In: *Escritos sobre a História*. São Paulo: Perspectiva, 1978, p. 41-78 [original: 1958].

BUCKLE, T. *History of Civilization in England*. Londres: Ballou, 1857.

COLLINGWOOD, R.G. *Uma ideia de história*. Lisboa: Presença, 2001 [original: 1946].

CROCE, B. *Theorie et l'Histoire de l'historiographie*. Paris: Droz, 1968 [original: 1917].

_____. *La Storia ridotta sotto il concetto generale dell'Arte* [História reduzida ao conceito geral de Arte]. Memória letta il 5 de marzo de 1893 all'Accademia Pontaniana di Napoli. Atti, vol. XXIII, 1893, p. 1-29.

DILTHEY, W. *Introduction to the Human Sciences*. Princeton: Princeton University Press, 1991 (1° vol. da Introdução ao estudo das Ciências do Espírito, 1883).

DROYSEN, J.G. *Historik*: Vorlesungen über Enzyklopädie und Methodologie der Geschichte. Munique, 1974 [*Manual de Teoria da História*. Petrópolis: Vozes, 2011] [original: 1881-1883].

FEBVRE, L. *Combates pela História*. Lisboa: Presença, 1977 [original: 1953].

FEUERBACH, L. *A essência do cristianismo*. Petrópolis: Vozes, 2007 [original: 1841].

GADAMER, H.-G. *Verdade e método*. 9. ed. Petrópolis: Vozes, 2008 [original: 1960].

_____. *A consciência histórica*. Rio de Janeiro: FGV, 1998 [original: 1996].

GERVINUS, G.G. "Grundzüg der Historik" (As grandes linhas da História). In: *Schriften zur Literatur*. Berlim: Erler, 1962, p. 49-103 [original: 1837].

HEGEL, F. *A razão na História – Uma introdução geral à Filosofia da História*. São Paulo: Centauro, 2008 [original: 1837, *post.*].

_____. *Fenomenologia do espírito*. Petrópolis: Vozes, 2007 [original: 1819].

_____. *Princípios da Filosofia do Direito*. São Paulo: Martins Fontes, 1997 [original: 1821].

_____. *Ciencia de la lógica*. Buenos Aires: Solar/Hachette, 1968 [original: 1812/1816].

HEIDEGGER. *O ser e o tempo*. Petrópolis: Vozes, 1997 [original: 1927].

HERDER, J.G. *Mais uma Filosofia da História* [Também uma Filosofia da História para a formação da humanidade. Lisboa: Antígona, 1995] [original: 1774].

KANT, I. *Ideia de uma História Universal de um ponto de vista cosmopolita*. São Paulo: Brasiliense, 1986 [original: 1784].

KOSELLECK, R. *Futuro Passado* – Contribuição à semântica dos tempos históricos. Rio de Janeiro: Contraponto, 2006 [original: 1979].

MARX, K. *O Capital*. São Paulo: Boitempo, 2014 [original: 1867].

_____. *Manuscritos econômico-filosóficos*. São Paulo: Boitempo, 2004 [original: 1944].

_____. *A origem do Capital* – A acumulação primitiva [separata de *O Capital*]. São Paulo: Centauro, 2004 [original: 1867].

MARX, K. & ENGELS, F. *Manifesto do Partido Comunista*. Petrópolis: Vozes, 1988 [original: 1848].

_____. *A ideologia alemã*. São Paulo: Hucitec, 1983 [original: 1946].

RANKE, L. *History of the Latin and Teutonic Nations from 1494 to 1514*. Londres: Kessinger Publishing, 2004 [original: 1824].

RICOEUR, P. *Tempo e narrativa*. São Paulo: Papirus, 1994 [original: 1983/1985].

SEIGNOBOS, C. & LANGLOIS, C.V. *Introdução aos estudos históricos*. São Paulo: Renascença, 1946 [original: 1897].

SMITH, A. *A riqueza das nações*. Rio de Janeiro: Zahar, 2008 [original: 1776].

SPENGLER, O. *A decadência do Ocidente*. Rio de Janeiro: Zahar, 1973 [original: 1918].

SYBEL, H. "Über den Stand der neueren deutschen Geschichtsschreibung" [Sobre o estado da Moderna Historiografia Alemã, 1856]. In: *Kleine historische Schriften*. Munique, 1863.

THOMPSON, E. *Miséria da teoria ou: um planetário de erros* – Uma crítica ao pensamento de Althusser. Rio de Janeiro: Zahar, 1981 [original: 1978].

TOYNBEE, A. *Study of History*. Londres: Oxford University Press, 1934-1961. 12 vol. [*Um estudo da História*. São Paulo: Martins Fontes, 1987].

TRACY, D. Elementos de ideologia (Prefácio da edição de 1804) [original da obra: 1801] [Disponível em http://cfcul.fc.ul.pt/Seminarios/ElementosIdeologiaTracy.pdf].

VEYNE, P. "A História Conceitual" In: NORA, P. & LE GOFF, J. *História*: novos problemas. Rio de Janeiro: Francisco Alves, 1988, p. 64-88 [original: 1974].

_____. *Como se escreve a História*. Brasília: UnB, 1982 [original: 1971].

VOLTAIRE, F.-M.A. "História". In: *Dicionário Filosófico*. São Paulo: Martim Claret, 2006 [original: 1771].

WILLIAMS, R. *Marxism and Literature*. Londres: Oxford University Press, 1977 [original: 1971].

WITTGENSTEIN, L. *Tratactus Lógico-philosophicus*. São Paulo: Edusp, 1993 [original: 1918].

Bibliografia

BARROS, J.D'A. *Teoria da História* – Volume 1: Princípios e conceitos fundamentais. Petrópolis: Vozes, 2011a.

_____. *Teoria da História* – Volume 2: Os primeiros paradigmas: Positivismo e Historicismo. Petrópolis: Vozes, 2011b.

_____. *Teoria da História* – Volume 3: Os paradigmas revolucionários. Petrópolis: Vozes, 2011c.

_____. *Teoria da História* – Volume 4: Acordes historiográficos: uma nova proposta para a Teoria da História. Petrópolis: Vozes, 2011d.

_____. *Teoria da História* – Volume 5: A Escola dos *Annales* e a Nova História. Petrópolis: Vozes, 2011e.

_____. "O conceito de alienação no jovem Marx". In: *Tempo Social* (revista da USP), vol. 23, n. 1, jan.-jun./2011, p. 223-245 [Disponível em http://ning.it/pEKN1W. 2011f].

BUNGE, M. *Epistemologia*. São Paulo: T.A. Queiroz, 1982.

CERTEAU, M. "A operação historiográfica". In: *A escrita da História*. Rio de Janeiro: Forense Universitária, 1982, p. 65-119 [original: 1974].

DELATTRE, P. "Teoria/Modelo". In: *Enciclopedia Einaudi*, 21 (Método – Teoria/Modelo). Lisboa: Impr. Nacional, 1992.

GARDINER, P. *Teorias da História*. Lisboa: Calouste Gulbenkien, 1995 [original: 1959].

HELLER, A. *Uma Teoria da História*. Rio de Janeiro: Civilização Brasileira, 1993 [original: 1981].

HOBSBAWM, E. "O que os historiadores devem a Karl Marx" (1968). In: *Marx and the Contemporary Scientific Thought*. Haia, 1969, p. 197-211 [incluído em *Sobre História*. São Paulo: Companhia das Letras, 1998, p. 155-170].

KUHN, T. *The Structure of Scientific Revolutions*. Chicago: University of Chicago Press, 1962.

MERTON, R. *Sociologia: teoria e estrutura*. São Paulo: Mestre Jou, 1970 [original: 1949; ampliada em 1957 e em 1968].

POPPER, K. *A lógica da Pesquisa Científica*. São Paulo: Cultrix, 1995 [original: 1934].

RÜSEN, J. *Razão histórica, Teoria da História*: fundamentos da Ciência Histórica. Brasília: Edub, 2001.

_____. "Narratividade e Objetividade". In: *Textos de História*, vol. 4, n. 1, 1996, p. 75-101.

WEHLING, A. "Historiografia e Epistemologia Histórica". In: MALERBA, J. (org.). *A História Escrita*. São Paulo: Contexto, 2006, p. 175-187.

WOLKENER, A.C. *Ideologia, Estado e Direito*. São Paulo: Revista dos Tribunais, 1995.

Índice onomástico

Blanqui, A. 68
Bonaparte, N. 67
Braudel, F. 51
Buckle, E. 60
Bunge, M. 40

Certeau, M. 81
Collingwood, R.G. 17n., 52n.
Croce, B.

Delattre, P. 24
Dilthey, W. 21, 27, 62
Droysen, J.G. 20, 26, 27n., 62

Eginhard 29
Einstein, A. 25, 50
Engels, F. 52, 65, 67n., 68s., 71-73

Febvre, L. 16n., 53n., 79
Feuerbach, L. 66n.
Fourier, C. 68

Gadamer, H.-G. 62s.
Gervinus 20, 27
Guizot, F. 67

Hegel, F. 18, 51, 57, 66n., 67, 69
Heidegger, M. 62
Heller, A. 45, 47n., 48
Herder, G. 18
Hobsbawm, E. 71

Kant, I. 18
Koselleck, R. 63
Kuhn, T. 39

Marx, K. 51s., 65-69, 71-73
Merton, R. 24n.

Owen, R. 68

Popper, K. 25

Ranke, L. 21, 72
Rüsen, J. 27, 43, 81

Saint-Simon 68
Schleiermacher, F. 62
Seignobos, C. 79
Smith, A. 66n., 68
Spengler, O. 52
Sybel, H. 20, 27

Taine, H. 60
Thierry, A. 67
Thompson, E. 73
Tomás de Aquino 29
Toynbee, A. 52
Tracy, D. 67n.
Tucídides 29

Veyne, P. 17, 28, 53n.
Voltaire 17s.

Williams, R. 73
Wittgenstein 28

Conecte-se conosco:

f facebook.com/editoravozes

◉ @editoravozes

𝕏 @editora_vozes

▶ youtube.com/editoravozes

☏ +55 24 2233-9033

www.vozes.com.br

Conheça nossas lojas:

www.livrariavozes.com.br

Belo Horizonte – Brasília – Campinas – Cuiabá – Curitiba
Fortaleza – Juiz de Fora – Petrópolis – Recife – São Paulo

EDITORA VOZES LTDA.
Rua Frei Luís, 100 – Centro – Cep 25689-900 – Petrópolis, RJ
Tel.: (24) 2233-9000 – E-mail: vendas@vozes.com.br